Klara Kirschbaum

Verkehrserziehung und Radfahrprüfung

Spannende Materialien für einen abwechslungsreichen Unterricht

PERSEN

Klara Kirschbaum studierte in Karlsruhe Lehramt für die Grundschule mit den Fächern Deutsch, Religion und Sachunterricht. Sie absolvierte das Referendariat an einer Grundschule in Köln und arbeitet seitdem in Hamburg. Klara Kirschbaum ist Autorin zahlreicher Lehrwerke.

Wir verwenden in unseren Werken eine genderneutrale Sprache, damit sich alle gleichermaßen angesprochen fühlen. Wenn keine neutrale Formulierung möglich ist, nennen wir die weibliche und die männliche Form. In Fällen, in denen wir aufgrund einer besseren Lesbarkeit nur ein Geschlecht nennen können, achten wir darauf, den unterschiedlichen Geschlechtsidentitäten gleichermaßen gerecht zu werden.

2. Auflage 2025

AAP Lehrerwelt GmbH
Veritaskai 3
21079 Hamburg
Telefon: +49 (0) 40325083-040
E-Mail: info@lehrerwelt.de
Geschäftsführung: Andrea Fischer, Sandra Saghbazarian
USt-ID: DE 173 77 61 42
Register: AG Hamburg HRB/126335

Autorschaft:	Klara Kirschbaum
Covergestaltung:	TSA&B Werbeagentur GmbH, Hamburg
Coverillustration:	Katharina Reichert-Scarborough
Illustrationen:	Katharina Reichert-Scarborough, Julia Flasche, Corina Beurenmeister, Petra Lefin, Rebecca Meyer, Elisabeth Lottermoser, Kristina Klotz, Satzpunkt Ursula Ewert GmbH. Einige der Illustrationen wurden zum Teil von der Redaktion Grundschule bzw. Satzpunkt Ursula Ewert GmbH bearbeitet bzw. nachkoloriert.
Satz:	Satzpunkt Ursula Ewert GmbH, Bayreuth
Druck und Bindung:	Druckerei Joh. Walch GmbH & Co. KG, Augsburg

ISBN/Bestellnummer: 978-3-403-21125-9
www.persen.de

Inhaltsverzeichnis

Digitales Zusatzmaterial:

- alle Arbeitsblätter (Word)
- Lösungen
- Prüfung „Zu Fuß im Straßenverkehr"-Führerschein
- Generalprobe „Radfahrprüfung"
- Fachbegriffe zum Thema „Verkehrserziehung und Radfahrprüfung"
- Urkunden

Vorwort und Hinweise

Schülerinnen und Schüler zu selbstständigen, umweltbewussten, nachhaltig handelnden sowie sicheren Verkehrsteilnehmenden zu erziehen, ist Ziel der Verkehrserziehung in der Grundschule. Dabei knüpft der Unterricht an den Wohnort und die damit verbundenen Erfahrungen der Kinder an. Die Entwicklung, die Kinder in der Grundschule durchmachen, hat auch Auswirkungen auf ihr Verhalten im Straßenverkehr, was das Thema besonders wichtig macht. Der Schulweg, die Teilnahme am Verkehr als Person, die zu Fuß oder mit dem Auto, dem Bus und der Bahn unterwegs ist sowie die Radfahrausbildung sind inhaltliche Schwerpunkte in den Grundschulklassen.
Was bedeuten die Verkehrszeichen? Wie kann ich mit dem Fahrrad sicher nach links und rechts abbiegen? Wie umfahre ich Hindernisse? Was braucht ein verkehrssicheres Fahrrad? Mit diesen und weiteren spannenden Fragen setzen sich die Kinder in diesem Themenheft auseinander. Die Schülerinnen und Schüler befassen sich u. a. mit den Themen Zebrastreifen und Ampel, wobei sie lernen, wie sie sicher eine Straße überqueren. Sie führen Experimente durch und prüfen Kleidung im Dunkeln. Auf einem Wimmelbild entdecken die Kinder richtiges und falsches Verhalten im Straßenverkehr und lernen zudem, wie man sich in Bus, Bahn und Auto richtig verhält. Die Schülerinnen und Schüler lösen in diesem Themenheft Rätsel, lesen Texte, basteln und vieles mehr.
Sowohl durch fächerübergreifende Angebote und interessante Sachinhalte als auch durch verschiedene Aufgabenformate werden unterschiedliche Zugänge zu den Inhalten ermöglicht sowie die Neugierde und das Interesse an diesen wichtigen Themen geweckt. Einige Angebote fordern zum Arbeiten mit digitalen Medien auf. In der Klasse sollten also entsprechende Geräte zum Fotografieren und Filmen vorhanden sein.

Aufbau des Heftes

Das Heft bietet Materialien für die 2. bis 4. Klasse zu den Themen „Verkehrserziehung" und „Radfahrprüfung". Sie können jedes Arbeitsblatt einzeln oder als Station/Werkstatt in Ihrer Klasse einsetzen.

Anspruchsvollere Aufgaben, die zur Differenzierung genutzt werden können, sind mit einem Stern markiert.

Besondere Schwerpunkte des Themenheftes sind wie folgt gekennzeichnet:

Projekt: Hier werden die Kinder selbst aktiv.

Spiel: Hier erwartet die Grundschulkinder ein Spiel.

Rätsel: Die Kinder erwerben Wissen, indem sie Rätsel lösen.

Interview: Hier wird Wissen durch ein (fiktives, lustiges, kreatives …) Interview vermittelt.

Experiment: Hier lernen die Kinder, indem sie experimentieren.

Lösungen zu den meisten Arbeitsblättern ermöglichen ein selbstständiges Arbeiten und Kontrollieren der Kinder. Lernzielkontrollen („Zu Fuß im Straßenverkehr"-Führerschein und Probe für Radfahrprüfung) sowie ein Lexikon mit den wichtigsten Fachbegriffen runden das Themenheft ab.

Hinweis zum Medienkompetenzrahmen

Dieses Heft enthält Aufgabenstellungen, die die Kinder dazu auffordern, verschiedene digitale Medien zu nutzen oder sich mit entsprechenden Inhalten auseinanderzusetzen. Dazu gehören auch Aufgaben, die auf die Recherche und/oder Verwendung von Bildern/Grafiken/Screenshots aus dem Internet abzielen. Wir empfehlen, an geeigneter Stelle das Thema Urheberrecht mit den Kindern zu thematisieren und wie in Ihrer Schule damit umgegangen wird. Die Aufgaben dieses Heftes zielen auf einen Kompetenzerwerb in der Mediennutzung ab und thematisieren daher das Urheberrecht nicht gesondert.

Zusätzlich enthält dieses Paket beigefügtes **Zusatzmaterial**. Es enthält …

- die Arbeitsblätter dieses Heftes im editierbaren Word-Format, sodass Sie die Arbeitsblätter selbst anpassen können,
- die Lösungen zu den Arbeitsblättern (PDF),
- eine Prüfung „Zu Fuß im Straßenverkehr"-Führerschein,
- Probe für die Radfahrprüfung,
- Fachbegriffe zum Thema „Verkehrserziehung und Radfahrprüfung",
- eine Checkliste für kleine Fahrradfahrerinnen und Fahrradfahrer sowie Urkunden.

Tipps für die Praxis

- Die Wirkung verschiedener Kleidungsstücke im Dunkeln – und damit die Sicherheit im Straßenverkehr – kann den Kindern mit einer Taschenlampe verdeutlicht werden. Der Klassenraum wird dazu verdunkelt. Die Schülerinnen und Schüler bringen verschiedene Kleidungsstücke mit oder testen die Kleidung, die sie aktuell tragen. Im abgedunkelten Klassenraum werden die Kleidungsstücke nun mit einer Taschenlampe beleuchtet. Anschließend beschreiben die Kinder, was sie sehen, und das Gesehene wird reflektiert: Wie sind helle, bunte, dunkle Kleidungsstücke zu sehen? Gibt es Unterschiede? Wie wird Kleidung mit und ohne Reflektoren wahrgenommen? Welche unterschiedliche Wirkung hat Licht? Im Anschluss können die gut sichtbaren Kleidungsstücke zusammengelegt und die Beschaffenheit betrachtet werden.

Mein Schulweg

1. **Wie kommst du zur Schule? Kreuze an.**

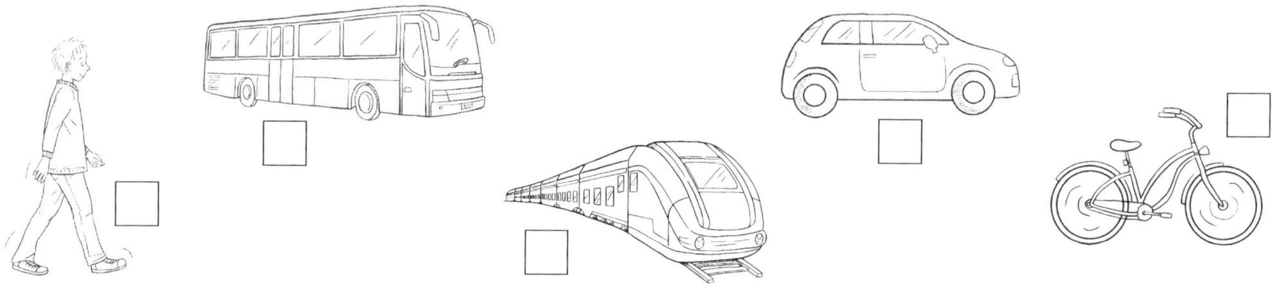

2. **Welchen Verkehrsmitteln begegnest du auf deinem Weg? Kreuze an.**

3. **Wie viele Straßen musst du überqueren?**
   Zähle und notiere die Zahl im Kasten rechts.

4. **Wie viele Zebrastreifen musst du überqueren?**
   Zähle und notiere die Zahl im Kasten rechts.

5. **Wie viele Ampeln musst du überqueren?**
   Zähle und notiere die Zahl im Kasten rechts.

6. **Gibt es gefährliche Stellen auf deinem Schulweg?**
   Was macht die Stellen gefährlich?
   Erzähle es einem Partnerkind.

7. **Fotografiere auf deinem Schulweg mit einem Smartphone oder Fotoapparat eine gefährliche Stelle und stelle die Fotos deiner Klasse vor.**
   Besprecht gemeinsam, wie ihr euch an dieser Stelle richtig verhaltet.

Wie kommen die Kinder zur Schule? (Umfrage)

Wie kommen die Kinder zur Schule? Startet eine große Umfrage.

Überlegt euch, ob ihr die Umfrage in eurer Klasse, in eurer Stufe oder der ganzen Schule durchführen wollt.

1. **Verteilt den Fragebogen.**
2. **Sammelt die Antworten der Kinder ein.**
3. **Wertet die Antworten aus.**
   Erstellt dazu gemeinsam mit eurer Lehrerin / eurem Lehrer ein Plakat.
   Ihr könntet auch ein Diagramm erstellen. Zum Beispiel:

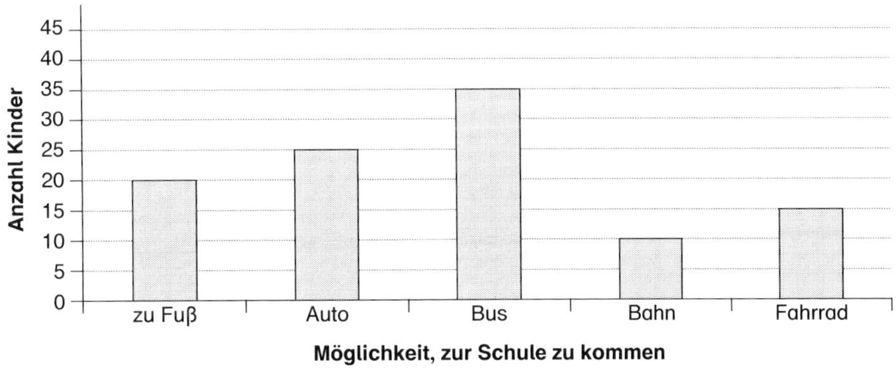

Fragebogen

1. Wie kommst du zur Schule? Kreuze an.

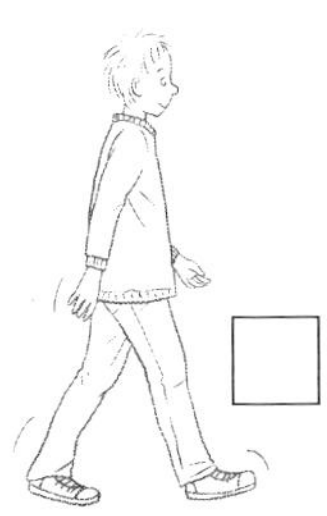

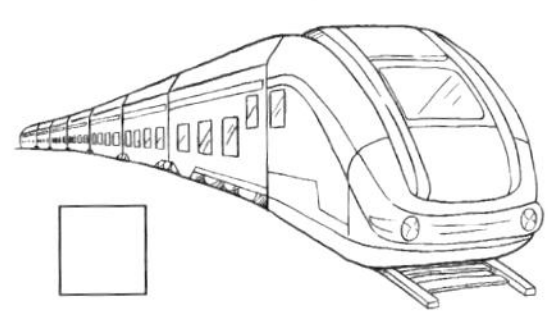

2. Kommst du mit anderen Kindern zur Schule oder allein?

Sichere Wege

1. **Arbeitet zu zweit.**
2. **Schaut euch gemeinsam die Karte an.**
3. **Sprecht darüber:**
   - Wie kommt Jonas am sichersten zum Supermarkt?
   - Welchen Weg sollten Tom und Max zum Spielplatz nehmen?
   - Wie kommt Fine am besten zum Blumenladen?
   - Welchen Weg soll Jonas nach dem Supermarkt zur Schule nehmen?
   - Tilda möchte zum Spielzeuggeschäft. Welchen Weg soll sie nehmen?

Links oder rechts?

1. Links oder rechts?
Verbinde.

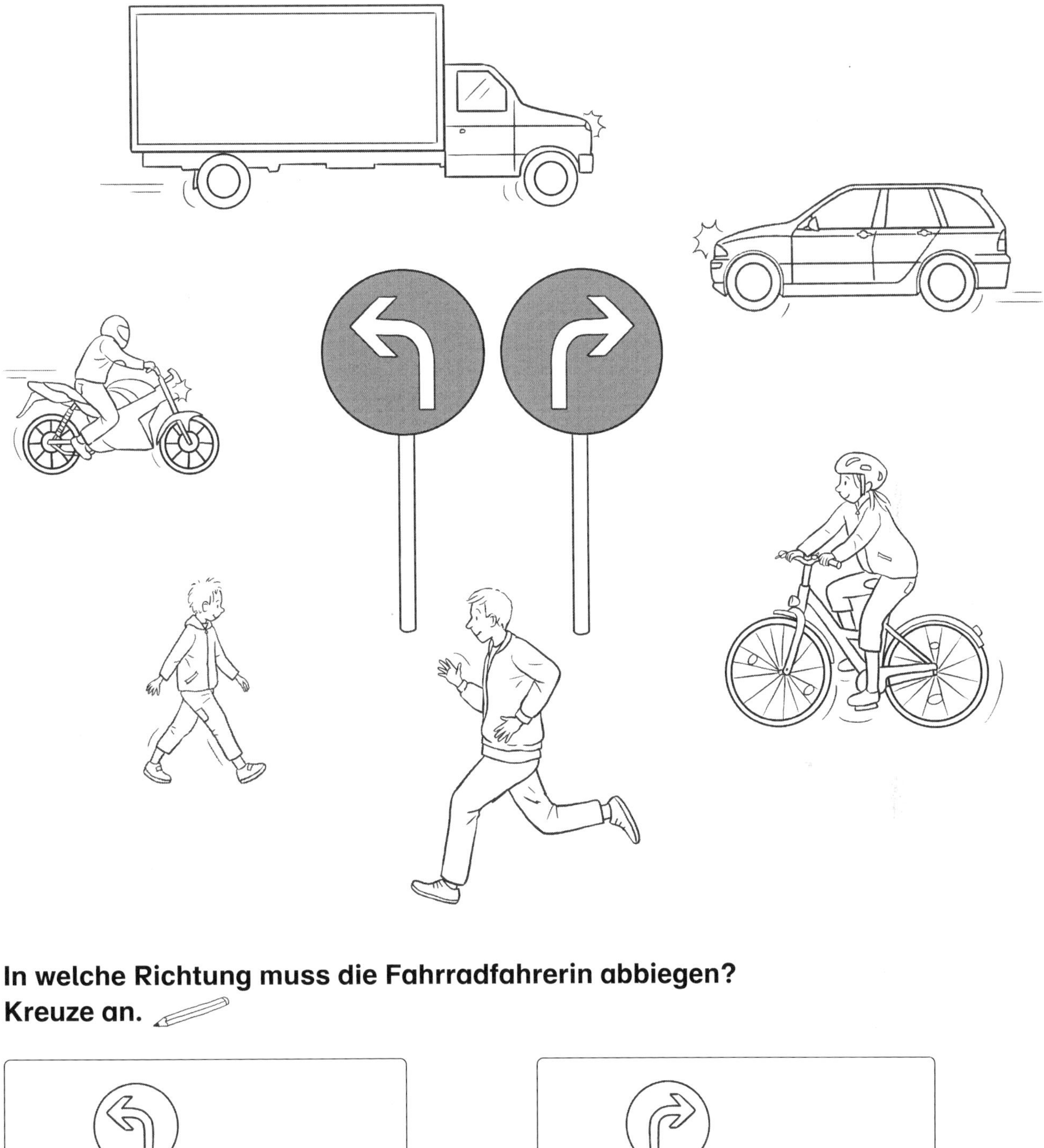

2. In welche Richtung muss die Fahrradfahrerin abbiegen?
Kreuze an.

☐ links ☐ rechts

☐ links ☐ rechts

Im Straßenverkehr gut sichtbar

1. **Das Mädchen trägt dunkle Kleidung. Der Junge trägt helle Kleidung. Male.**
2. **Was fällt dir auf? Sprich mit einem Partnerkind darüber.**

Damit du im Dunkeln besser zu sehen bist, kannst du Kleidungsstücke mit Reflektoren tragen. Reflektoren werfen das Licht zurück, sie reflektieren es.

3. **Trägst auch du Reflektoren? Wo befinden sie sich? Kreuze an.**

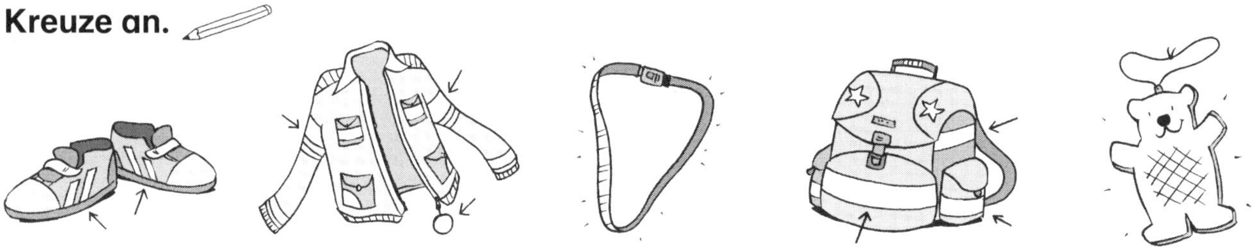

☐ ☐ ☐ ☐ ☐

4. **Fotografiere mit einem Smartphone oder Fotoapparat zu Hause deine Kleidungsstücke mit Reflektoren und stelle sie deiner Klasse vor.**

Kleidung im Dunkeln

Du brauchst:

- Vorlage Kinder „Im Straßenverkehr gut sichtbar“
- dunkles Transparentpapier
- selbstklebende und reflektierende Folie
- Taschenlampe

So geht es:

1. Du hast den Jungen mit heller Kleidung und das Mädchen mit dunkler Kleidung gemalt.
2. Nimm dir dunkles Transparentpapier und schneide ein Quadrat zu (15 × 15 cm).
3. Lege es über die beiden Kinder, denn nachts ist es überall herum dunkel.

Was fällt dir auf?

____

____

4. Nimm dir nun selbstklebende und reflektierende Folie.
5. Wo sind Reflektoren sinnvoll? Gestalte sie mit Folie und klebe sie auf die Kleidung des Jungen und des Mädchens.
6. Lege das dunkle Transparentpapier darüber.
7. Leuchte mit einer Taschenlampe.

Was hat sich verändert?

____

____

An der Ampel

Ampeln regeln den Verkehr. Es gibt verschiedene Ampeln: für Radfahrerinnen/Radfahrer, für Autofahrerinnen/Autofahrer, für Busse, Straßenbahnen und Fußgängerinnen/Fußgänger.
Du kannst dir merken: **Rot heißt stehen, Grün heißt gehen!**

1. Male die Ampeln wie angegeben an.

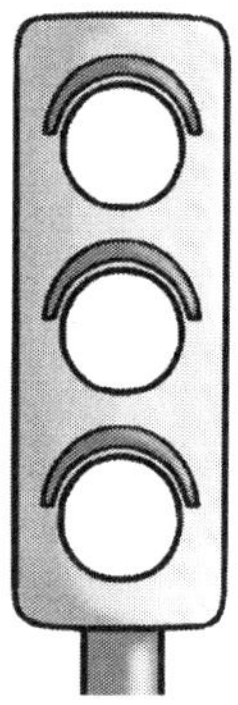

Hier bleibe ich stehen.

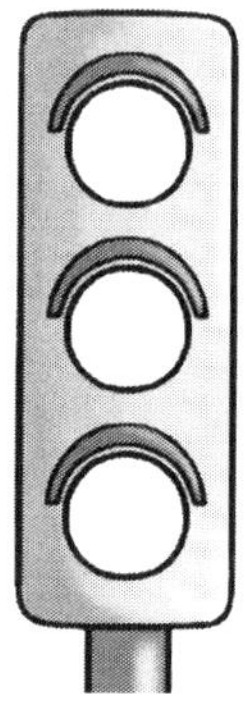

Hier darf ich gehen.

2. Wer hat Rot? Wer hat Grün? Male.

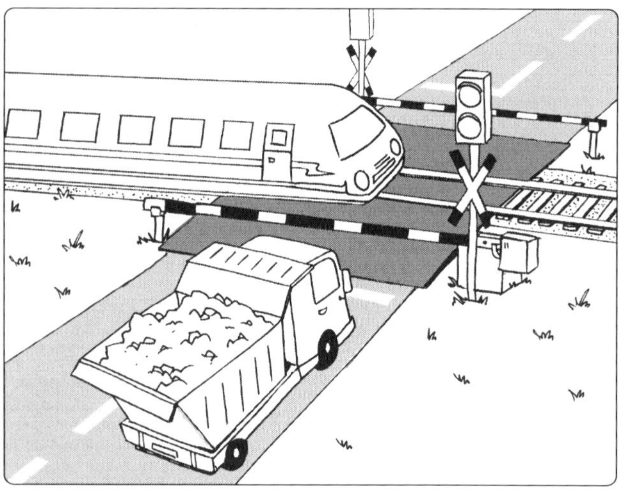

Der Zebrastreifen

Der **Zebrastreifen** ist ein Ort auf der Straße, wo Rollstuhlfahrerinnen/ Rollstuhlfahrer und Fußgängerinnen/Fußgänger sicher die Straße überqueren können. Weiße, breite Streifen auf der Straße zeigen den Fußgängerüberweg an. Ist ein Zebrastreifen in der Nähe, solltest du ihn immer benutzen.

1. **Welches Verkehrsschild zeigt einen Zebrastreifen an? Kreuze an.**

☐ ☐ ☐ ☐

2. **Wo gehört ein Zebrastreifen hin? Male.**

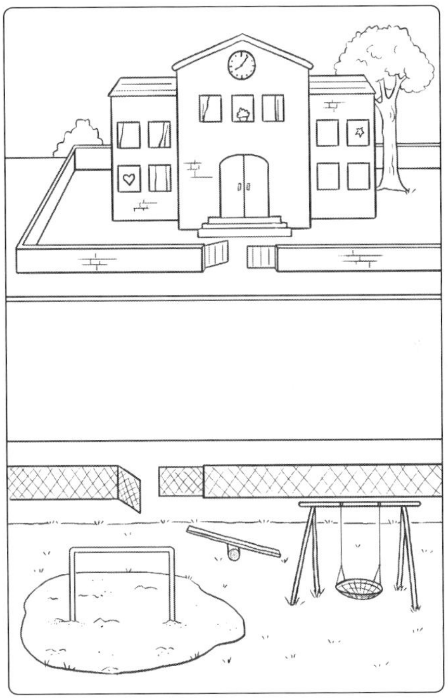

3. **Wer darf den Zebrastreifen nicht benutzen? Kreuze an.**

☐ ☐ ☐ ☐

Welches Zeichen ist das?

1. Verbinde.

Man muss Vorfahrt gewähren.

Auf dieser Straße befinden sich Fußgängerinnen/Fußgänger und Radfahrerinnen/Radfahrer. Radfahrerinnen/ Radfahrer müssen auf Fußgängerinnen/ Fußgänger Rücksicht nehmen.

Der Gegenverkehr hat Vorrang.

Hier gilt ein Verbot für Fahrradfahrerinnen/ Fahrradfahrer.

Hier beginnt eine verkehrsberuhigte Straße. Kinder und Fußgängerinnen/Fußgänger können die Straße nutzen.

Eine Einbahnstraße darf man nur in der vorgegebenen Richtung befahren.

2. Welche Verkehrszeichen bleiben übrig? Schreibe eine Erklärung der Zeichen.

Gefahren- und Verbotszeichen (Legekreis) 1

1. Schneide die Kärtchen aus.

2. Lege sie zu einem Kreis zusammen.

Gefahrenstelle

Gefahren- und Verbots- zeichen

Dieses Schild zeigt ein Gefälle an. Wie groß das Gefälle ist, wird durch die %-Angabe deutlich.

Das Schild zeigt ein Verbot der Einfahrt an. Verkehr aus der Gegenrichtung ist jedoch erlaubt.

Verbot für Fahrräder

Radfahrerinnen/ Radfahrer kreuzen

Kreuzung

Fußgängerüberweg

Gefälle

Dieses Schild zeigt eine Gefahr an. Zusätzliche Schilder zeigen die Art der Gefahr an.

Hier gilt Fahrverbot für Fahrräder. Diese müssen einen anderen Weg nehmen oder absteigen.

Das Schild zeigt an, dass für Fahrzeuge aller Art (auch Fahrräder) die Durchfahrt verboten ist.

Gefahren- und Verbotszeichen (Legekreis) 2

Das Schild zeigt einen Bahnübergang an. Er ist nicht durch Schranken gesichert.

An stark oder schnell befahrenen Straßen gilt ein Verbot für Fußgängerinnen/Fußgänger.

Bahnübergang ohne Schranken

Fußgängerinnen/ Fußgänger

Das Schild zeigt eine Kreuzung oder Einmündung an. Hier gilt rechts vor links.

Das Schild bedeutet „Achtung, Kinder!" und warnt, dass hier Kinder über die Straße laufen können.

Das Schild zeigt, dass ein Fußgängerüberweg folgt. Fußgängerinnen/Fußgänger haben immer Vorrang.

Verbot der Einfahrt

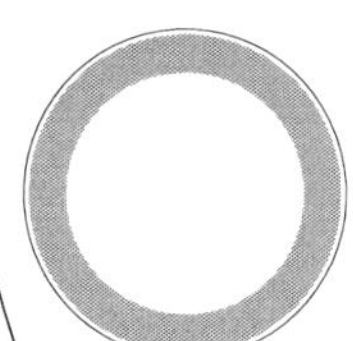

Verbot für Fußgängerinnen und Fußgänger

Verbot für Fahrzeuge aller Art

Hinweis darauf, dass sich hier viele Fußgängerinnen/ Fußgänger befinden können.

Das Schild macht deutlich, dass hier plötzlich Radfahrerinnen/Radfahrer die Fahrbahn kreuzen können.

Kinder

Verkehrszeichen-Domino 1

1. **Schneide die Dominokarten aus.**
2. **Lege die Dominokarten in der richtigen Reihenfolge aneinander.**

	Verbot für Fußgängerinnen/ Fußgänger		Vorfahrtstraße
	Ende		Einbahnstraße
	Kreisverkehr		Bahnübergang ohne Schranken
	Kinder		Vorfahrt
	Vorfahrt gewähren	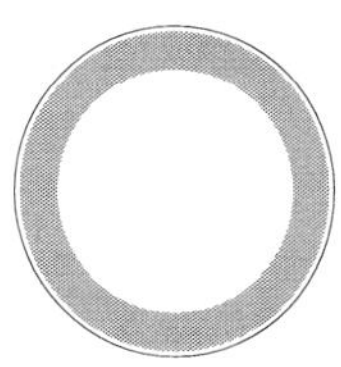	Sonderweg Fußgängerinnen/ Fußgänger
	gemeinsamer Fuß- und Radweg		Andreaskreuz – Vorrang gewähren
	Gegenverkehr		Verbot für Fahrräder

Verkehrszeichen-Domino 2

	Kreuzung		Fußgänger-überweg
Start	Halt – Vorfahrt gewähren		getrennter Rad- und Fußweg
	Verbot für Fahrzeuge aller Art		rechts vorbei
	Fahrradstraße		Beginn eines Fußgänger-bereichs
	Gefälle		rechts abbiegen
	Ampel – Lichtzeichen-anlage		Gefahrenstelle
	Verbot der Einfahrt		

Welches Verkehrszeichen fehlt?

1. Welches Schild fehlt? Kreuze an.

☐  ☐ 

☐  ☐ 

☐ 

☐ 

☐  ☐ 

2. Welche Beschreibung ist richtig? Male an.

Gefahrenstelle
Baustelle
Linkskurve

Vorfahrt
Fußgängerüberweg
Fußgängerinnen/Fußgänger

Bänderrätsel

1. **Schneide das Bänderrätsel aus.**
2. **Falte die Lösung nach hinten.**
3. **Nimm dir einen Faden. Beginne oben rechts. Führe den Faden weiter.**

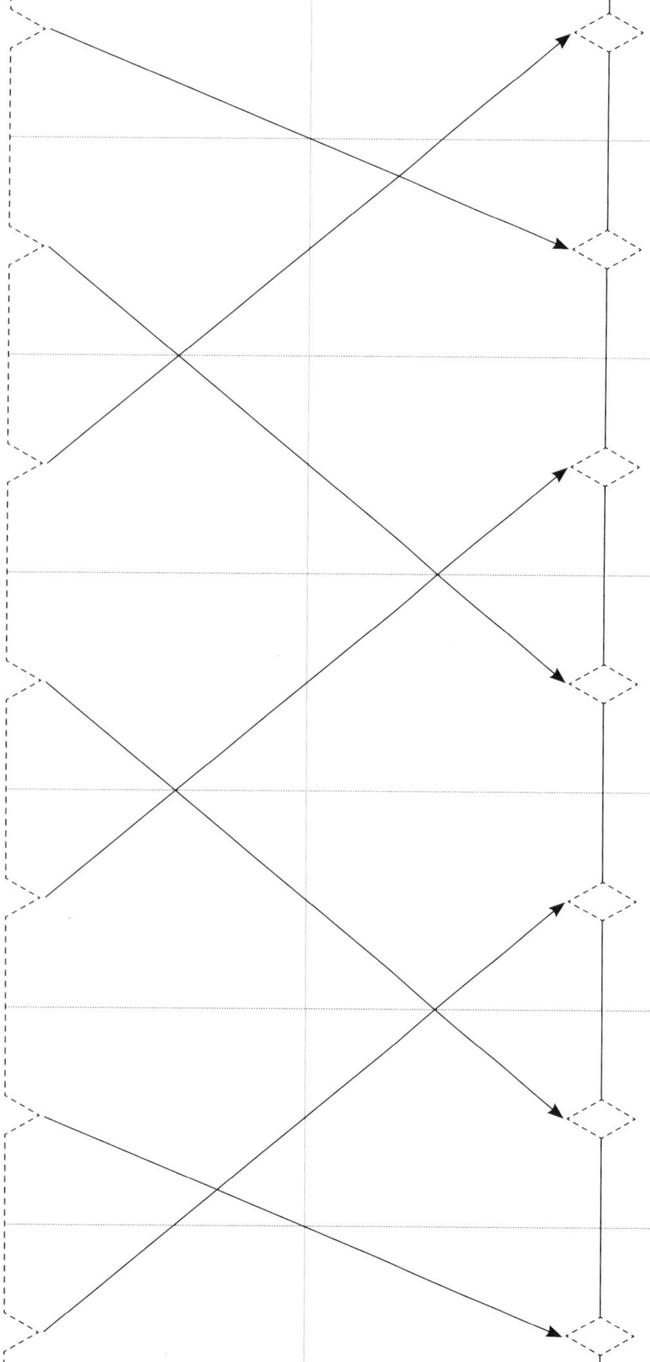

auf dem Gehweg nicht erlaubt. Damit Autofahrer die Fußgänger auch im Dunkeln gut sehen, …	**Im Straßenverkehr** Damit sich Fußgänger sicher im Straßenverkehr bewegen können, müssen sie einige …
Regeln beachten. Wenn es einen ausgeschilderten Fußgängerüberweg gibt, …	sollte dieser auch benutzt werden. Auf einem Bürgersteig ist es sicherer, nahe an der …
erst nach links schauen, dann nach rechts und danach noch einmal nach …	Autos heraus- oder hereinfahren. Um sich und andere nicht in Gefahr zu bringen, ist Schubsen …
Hausseite zu gehen. Bei Einfahrten sollten Fußgänger besonders aufpassen, denn hier können …	sollte auf eine helle Kleidung mit Reflektoren geachtet werden. Auch eine …
Bei Rot bleibe ich stehen, bei Grün kann ich gehen! Wenn keine Ampel und kein …	Fußgängerüberweg in Sicht sind, verhält man sich so: …
Warnweste kann man tragen. Die Straße sollten Fußgänger nur an einer Ampel oder …	links. Erst wenn kein Auto kommt, …
darf die Straße überquert werden.	einem Fußgänger-überweg überqueren. An einer Ampel gilt die Regel: …

Eine Straße richtig überqueren

1. **Schneide die Bild-Puzzleteile aus.**
2. **Welche Reihenfolge ist richtig? Nummeriere sie (schreibe die richtige Nummer auf das Schild im Bild) und klebe sie auf die richtigen Sätze.**

Suche dir zuerst einen Ort, an dem man die Straße gut überblicken kann.	Halte Abstand zur Straße und warte, bis die Straße frei ist. Schaue nach links.	Schaue nach rechts.
Schaue wieder nach links.	Wenn die Straße immer noch frei ist: Überquere die Straße.	Sei vorsichtig und überquere die Straße zügig.

Richtig oder falsch? (Wimmelbild)

1. **Arbeitet zu zweit.**
   Schaut euch das Bild an.
2. **Was machen die Kinder richtig?**
   Umkreist richtiges Verhalten grün.
3. **Was machen die Kinder falsch?**
   Sprecht darüber, wie die Kinder es besser machen können.

1. Welches Verhalten ist an Bus- und Bahnhaltestellen richtig? Male an.

- Warte an einer Haltestelle ruhig, bis der Bus hält.
- Bis der Bus hält, kann ich an der Haltestelle spielen.
- Warte an einer Haltestelle ruhig, bis die Bahn hält.
- Während der Fahrt spreche ich mit der Busfahrerin / dem Busfahrer.
- Erst wenn alle Leute ausgestiegen sind, steige ich ein.
- Sobald sich die Türen öffnen, steige ich ein.
- Gibt es keinen freien Platz, halte ich mich an einer Stange fest.
- Ich setze mich auf den Boden.
- Ich setze mich auf einen freien Platz.
- Wenn ich einen Sitzplatz habe, gebe ich ihn nicht wieder her.
- Älteren Menschen und Schwangeren biete ich einen Sitzplatz an.

2. Wie verhalten sich die Kinder? Male richtiges Verhalten an.

3. Einige Kinder verhalten sich nicht richtig. Schreibe es auf.

____

____

____

____

____

Quiz mit Spielplan 1

Erstelle gemeinsam mit deiner Klasse ein Quiz zum Thema „Sicher im Straßenverkehr“.

1. **Denke dir Fragen zum Thema „Sicher im Straßenverkehr“ aus.**
2. **Schreibe je eine Frage auf die obere Hälfte des Fragekärtchens und die Antwort auf die untere Hälfte.**
3. **Schneide die Fragekärtchen aus, knicke sie entlang der Linie und klebe die beiden Hälften zusammen.**
4. **Sammelt die fertigen Karten. Nun könnt ihr das Quiz starten!**

Lege die Quizfragen auf das große Feld in der Mitte. Immer wenn eine Spielerin / ein Spieler auf einem Feld mit einem Ausrufezeichen landet, muss sie/er eine Frage beantworten. Antwortet die/der Spielende falsch, muss sie/er zur Strafe drei Felder zurückgehen.

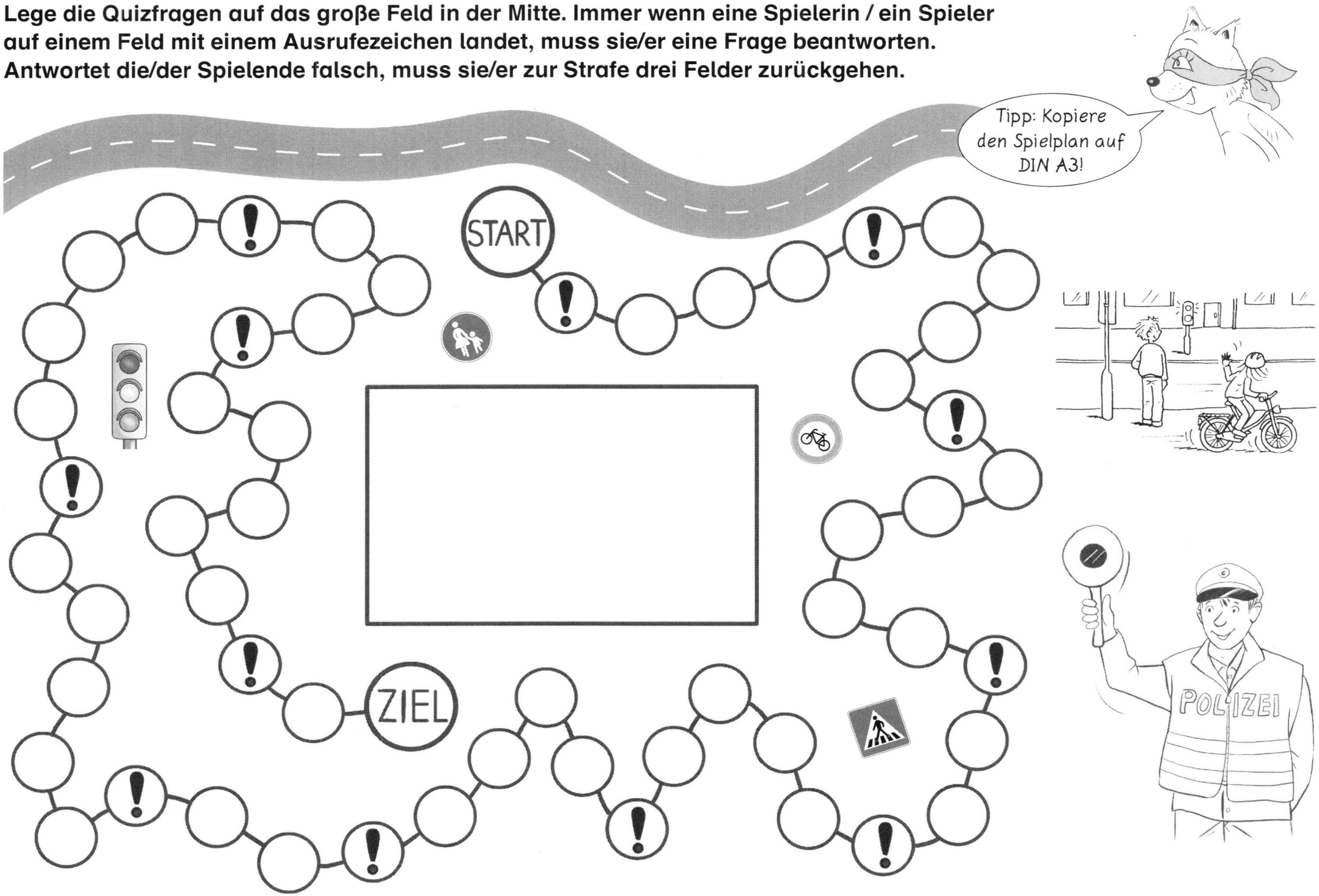

Ein verkehrssicheres Fahrrad 1

1. Lies das Interview, das Wilma Waschbär geführt hat. 

Wilma Waschbär: Hallo, liebe Fara Fahrrad. Ich freue mich sehr, dass du dir heute Zeit für mich nehmen kannst. Du bist bestimmt sehr beschäftigt ...

Fara Fahrrad: Hallo, Wilma Waschbär. Das mache ich wirklich gerne. Aber es stimmt, ich habe nicht viel Zeit. Ich bin später noch mit der Polizei unterwegs.

Wilma Waschbär: Wie spannend! Ich hoffe doch, du hast nichts falsch gemacht?

Fara Fahrrad: Nein, keine Sorge. Im Gegenteil: Ich habe alles richtig gemacht. Immerhin bin ich verkehrssicher. Die Polizei zeigt mit meiner Hilfe den Kindern, wie ein verkehrssicheres Fahrrad aussieht.

Wilma Waschbär: Oh, Moment! Das würde mich ja auch interessieren. Kannst du mir das erklären?

Fara Fahrrad: Gerne. Was ein verkehrssicheres Fahrrad auf jeden Fall haben muss, sind Bremsen: eine Vorderradbremse und eine Hinterradbremse. Was auch nicht fehlen darf, sind eine Menge Reflektoren: Speichen-, Felgen- oder Reifenreflektoren an den Laufrädern, gelbe Pedalreflektoren, rote Reflektoren hinten am Gepäckträger und ein weißer Reflektor vorn am Fahrrad ...

Wilma Waschbär: Darf ich kurz dazwischenfragen: Was sind Reflektoren?

Fara Fahrrad: Natürlich, das ist auch eine wichtige Frage! Reflektoren werfen das Licht zurück, sie reflektieren es. Sie machen das Fahrrad im Dunkeln sichtbar. Das Scheinwerferlicht eines Autos wird reflektiert und die Autofahrerin oder der Autofahrer sieht das Fahrrad.

Wilma Waschbär: Das ist wirklich ein wichtiger Schutz!

Fara Fahrrad: Genau! Zu einem verkehrssicheren Fahrrad gehört aber auch die Fahrradbeleuchtung. Vorgeschrieben ist ein weißer Scheinwerfer vorne und ein rotes Rücklicht. Sie können mit einer Batterie betrieben sein oder über einen Dynamo angetrieben werden.

Wilma Waschbär: Dynamo – wieder ein Wort, das ich nicht kenne.

Fara Fahrrad: Kein Problem, Wilma Waschbär. Ich erkläre es dir: Ein Dynamo ist ein kleines Gerät, das die Bewegung beim Treten in elektrischen Strom umwandelt. So werden der Scheinwerfer und das Rücklicht zum Leuchten gebracht.

Wilma Waschbär: Was es alles gibt ...

Ein verkehrssicheres Fahrrad 2

Fara Fahrrad:	Ich bin auch ein bisschen stolz. Siehst du, was ich hier habe?
Wilma Waschbär:	Oh, wie toll, ein Dynamo!
Fara Fahrrad:	Ich habe auch noch eine schöne Klingel, die klingt ganz hell. So kann mich niemand überhören.
Wilma Waschbär:	Ich danke dir, Fara Fahrrad! Bevor du mir jetzt die Klingel vorführst, mache ich mich lieber auf den Heimweg. Jetzt weiß ich endlich, wie ich sicher Fahrrad fahren kann.

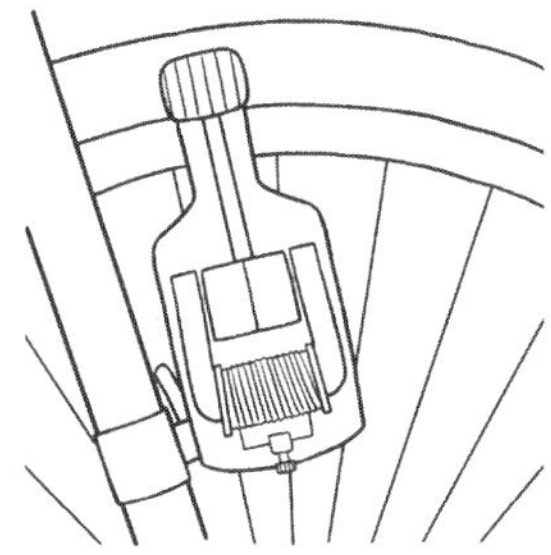

2. Verbinde die Satzteile.

Die richtigen Buchstaben ergeben von 1–12 gelesen ein Lösungswort.

1	Ein Fahrrad braucht zwei …		Licht zurück.	D
2	eine Vorderradbremse und eine …		gelbe Reflektoren.	H
3	An den Pedalen befinden sich …		vorn am Rad.	R
4	Hinten am Gepäckträger befinden sich …		an den Reifen.	A
5	Ein weißer Reflektor befindet sich …		Bremsen:	F
6	Auch an den Laufrädern befinden sich Reflektoren: an den Speichen, Felgen oder …		hell tönenden Klingel.	K
7	Reflektoren werfen das …		im Dunkeln sichtbar.	C
8	Sie reflektieren das Scheinwerferlicht und machen das Fahrrad …		Hinterradbremse.	A
9	Die Fahrradbeleuchtung kann durch eine Batterie oder …		vorne und ein rotes Rücklicht.	C
10	Ein Dynamo wandelt Bewegung in …		rote Reflektoren.	R
11	Vorgeschrieben ist ein weißer Scheinwerfer …		elektrischen Strom um.	E
12	Nicht überhört werden kann man mit einer …		einen Dynamo betrieben werden.	H

Lösungswort:

1	2	3	4	5	6	7	8	9	10	11	12

1. Beschrifte die Fahrradteile.

Diese Wörter helfen dir: Sattel | Frontreflektor | Schweinwerfer | Pedalreflektoren | Klingel | Speichenreflektoren | Rückstrahler | Rahmen | Kette | Vorderradbremse | Hinterradbremse | Dynamo | Reifen | Schutzblech | Speichen | Pedale | Schlussleuchte | Nabe

2. Male die Reflektoren in der richtigen Farbe an.

Mein sicheres Fahrrad

1. Welche Bilder und Sätze gehören zusammen?

2. Nummeriere die Bilder.

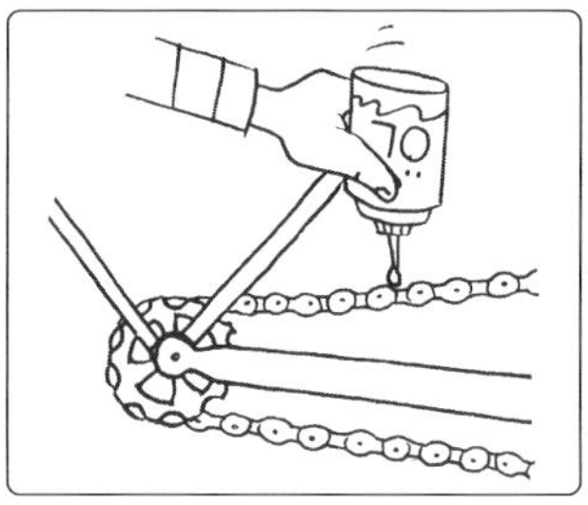

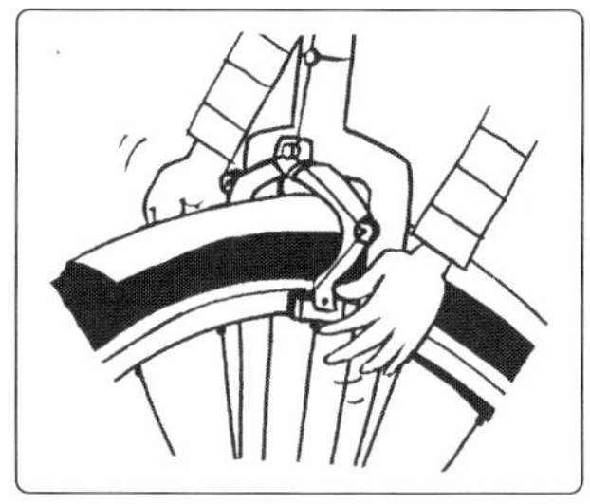

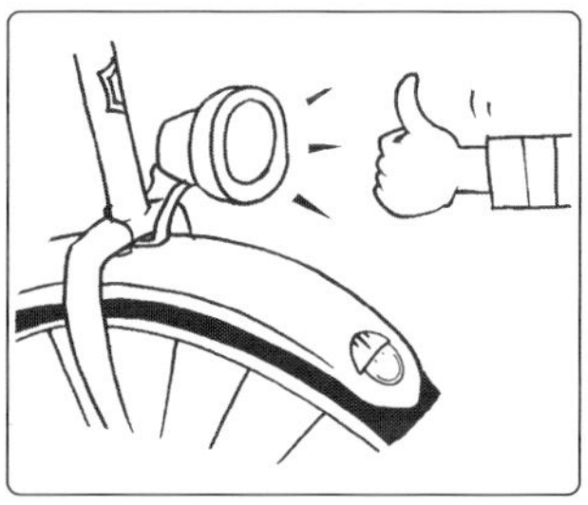
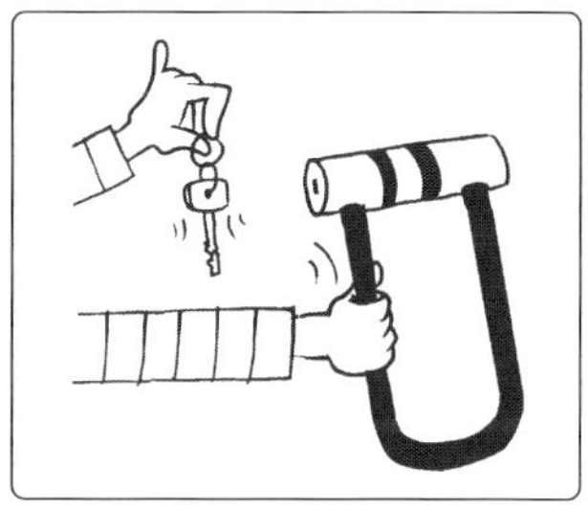

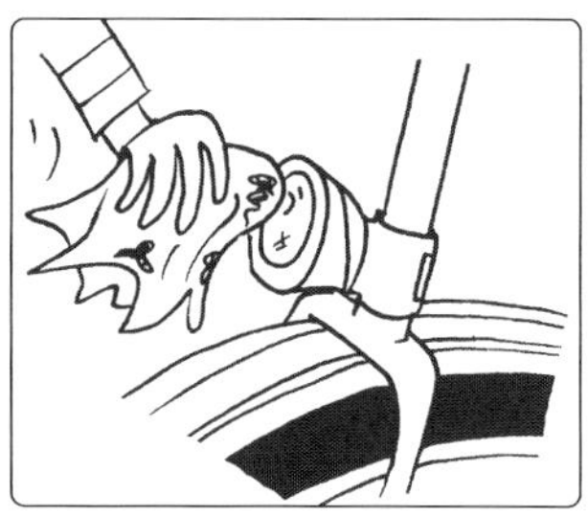
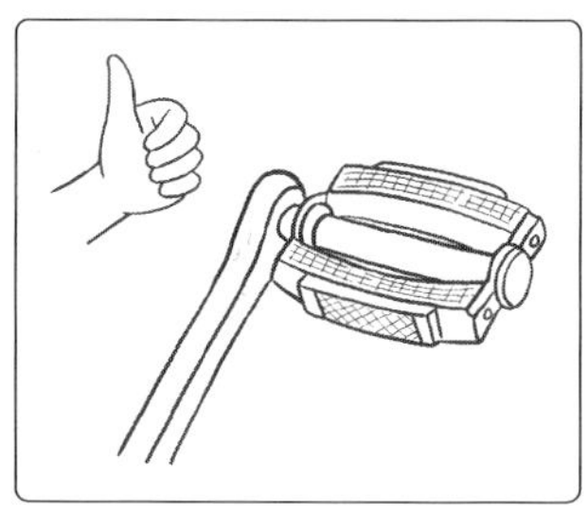

1. Überprüfe vor jeder Fahrt, ob das Vorderlicht und das Rücklicht funktionieren.
2. Kontrolliere vor jeder Fahrt, ob beide Bremsen funktionieren: Vorderradbremse und Rücktrittbremse.
3. Überprüfe, ob Vorder- und Rücklichter sowie alle Rücklichter sauber und damit gut sichtbar sind.
4. Kontrolliere die Fahrradkette. Sie sollte straff genug, aber nicht zu fest sein und nicht durchhängen. Wichtig: Sie sollte regelmäßig geölt oder gefettet werden.
5. Kontrolliere den Luftdruck. Das Gummi vom Schlauch sollte fest und elastisch sein.
6. Überprüfe, ob alle Schrauben und Muttern fest angezogen sind.
7. Überprüfe, ob die Klingel laut und hell genug ist.
8. Schaue nach, ob die Pedale rutschsicher sind und Reflektoren haben.
9. Die Lenkradhöhe und die Sattelhöhe müssen immer auf deine Größe eingestellt sein.
10. Kontrolliere, ob du ein Fahrradschloss dabei hast.
11. Überprüfe, ob deine Kleidung reflektierend ist und du gut sichtbar bist.
12. Überprüfe, ob dein Fahrradhelm die richtige Größe hat und der Kinnriemen geschlossen ist.

Checkliste für kleine Fahrradfahrerinnen/Fahrradfahrer

Hake ab.

1. Das Vorderlicht und das Rücklicht funktionieren. ☐ 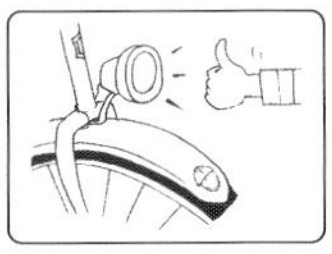
2. Beide Bremsen funktionieren: Vorderradbremse und Rücktrittbremse. ☐ 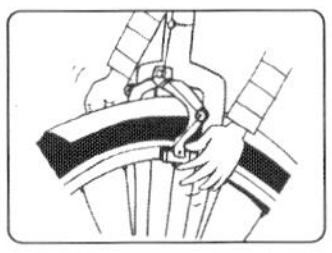
3. Vorder- und Rücklichter sowie alle Rücklichter sind sauber und damit gut sichtbar. ☐ 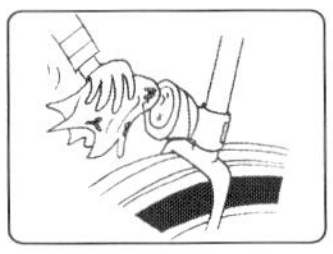
4. Die Fahrradkette ist straff genug, aber nicht zu fest. Sie hängt nicht durch. Sie ist geölt oder gefettet. ☐ 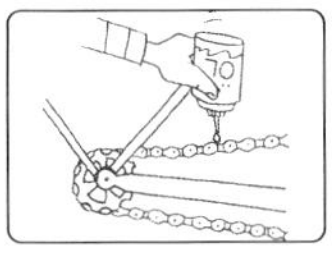
5. Der Luftdruck ist in Ordnung. Das Gummi vom Schlauch ist fest und elastisch. ☐ 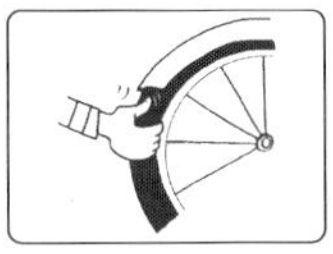
6. Alle Schrauben und Muttern sind fest angezogen. ☐ 
7. Die Klingel ist laut und hell. ☐ 
8. Die Pedale sind rutschsicher und haben Reflektoren. ☐ 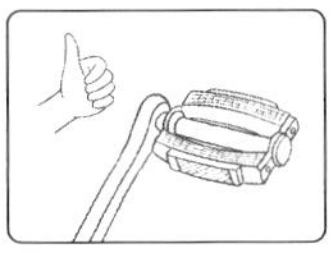
9. Die Lenkradhöhe und die Sattelhöhe sind auf deine Größe eingestellt. ☐ 
10. Du hast ein Fahrradschloss dabei. ☐ 
11. Deine Kleidung ist reflektierend und du bist gut sichtbar. ☐ 
12. Dein Fahrradhelm hat die richtige Größe und der Kinnriemen ist geschlossen. ☐ 

Der Fahrradhelm

Der Helm schützt deinen Kopf vor Verletzungen. Wenn du stürzt, verhindert der Helm, dass dein Kopf auf die Straße oder dem Erdboden aufprallt. Damit ein Helm gut funktioniert, muss er richtig angelegt sein.

1. Welche Reihenfolge ist richtig? Nummeriere.

☐ Verschließe den Kinnriemen und kontrolliere, ob das Band um dein Ohr ein Dreieck bildet.

☐ Stelle den Kinnriemen so ein, dass zwischen Kinn und Riemen ein Finger passt.

☐ Setze den Helm auf, und passe dann den Kopfring an deine Kopfgröße an.

2. Beschrifte den Helm.

Diese Wörter helfen dir: Belüftungslöcher | Kinnriemen | Hartschaumschale | Außenschale | Verstellwerkzeug/Kopfring

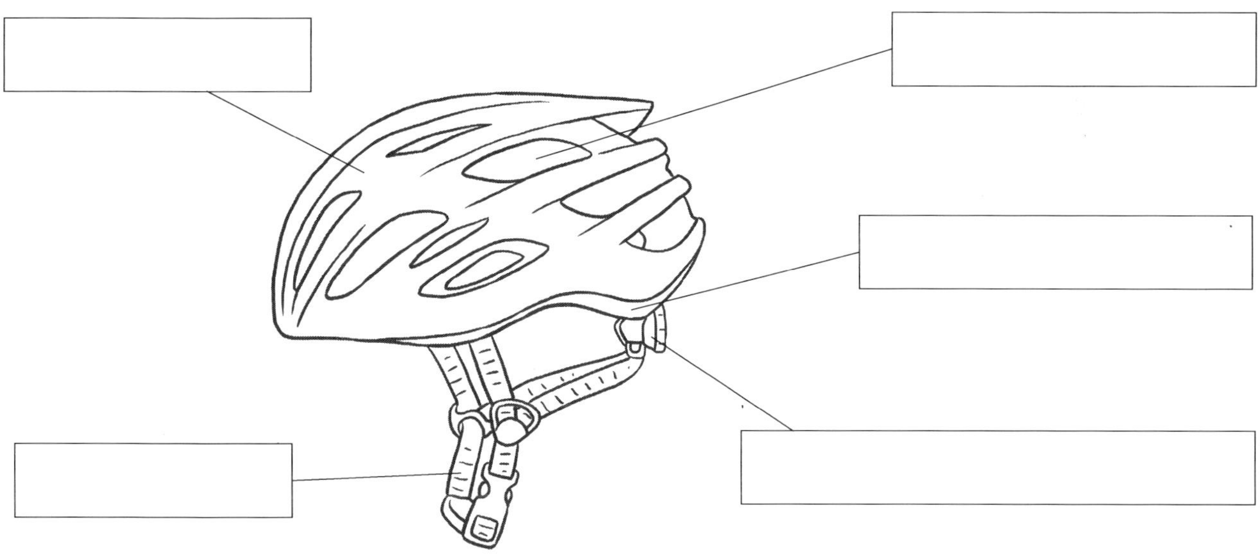

3. Welcher Helm sitzt richtig? Male an.

Richtiges Anfahren

1. **Schaue dir die Bilder an.**
2. **Schreibe zu jedem Bild einen passenden Satz.**

Diese Wörter und Satzteile helfen dir: Fahrbahnrand | auf Verkehr achten | Fahrtrichtung | rechte Seite | Pedal | nach links umschauen | Handzeichen nach links | beide Hände am Lenker | freie Fahrbahn

3. **Arbeitet zu zweit.**
   Erstellt gemeinsam ein Erklärvideo zum richtigen Anfahren.
   - Verwendet dafür zum Beispiel ein Smartphone oder Tablet.
   - Ein Kind filmt.
   - Ein Kind zeigt, wie richtiges Anfahren geht.
   - Achtet darauf, dass ihr über alle fünf Schritte im Video sprecht.
   - Stellt das Video eurer Klasse vor.

Fahrradwege

1. Welche Bedeutung haben die Schilder für Radfahrerinnen und Radfahrer? Verbinde.

Gemeinsamer Rad- und Fußweg: Hier kann ich mit dem Fahrrad fahren, muss aber auf die Fußgängerinnen und Fußgänger achten.

Hier beginnt eine Fußgängerzone. Ich muss vom Fahrrad absteigen und es schieben.

Verbot aller Fahrzeuge: Hier darf ich nicht mit dem Fahrrad fahren.

Radweg: Hier kann ich mit meinem Fahrrad fahren.

Beginn einer Fahrradstraße: Diese Straße darf nur von Fahrradfahrerinnen und Fahrradfahrern befahren werden.

Getrennter Rad- und Fußweg: Hier kann ich mit dem Fahrrad fahren.

Verbot der Einfahrt: Hier darf ich nicht mit dem Fahrrad fahren.

Verbot des Radverkehrs: Hier darf ich nicht mit dem Fahrrad fahren.

2. Schaue dir die Radfahrstreifen an. Welche Aussagen passen zu welchem Radfahrstreifen? Trage die Ziffern ein.

☐ Eine weiße, durchgezogene Linie trennt den Radweg von der Fahrbahn.

☐ Der Schutzstreifen hat eine gestrichelte Linie.

☐ Der Schutzstreifen darf von anderen Fahrzeugen überfahren werden. Halte dich weit rechts.

☐ Andere Fahrzeuge dürfen den Streifen nicht benutzen.

Wichtige Regeln im Straßenverkehr (Memo)

1. Schneide die Memokarten aus.

2. Welche Karten gehören zusammen?
Spielt das Spiel zu zweit.

 8 Jahre	Wenn es dunkel ist, mache ich das Licht an.		Wenn es einen ausgeschilderten Radweg gibt, benutze ich diesen.
	Ich halte mindestens drei Fahrradlängen Abstand.		Kinder bis acht Jahre fahren mit dem Fahrrad auf dem Gehweg.
	Wenn ich mit dem Fahrrad auf der Straße fahre, muss ich besonders gut auf die Verkehrszeichen achten.		Bei Regen, Schnee oder nassem Laub muss ich besonders vorsichtig fahren, damit ich nicht ausrutsche.
	Beim Fahrradfahren trage ich immer einen Helm.		Mit Freundinnen und Freunden oder der Familie fahre ich immer hintereinander und überhole nicht.
	Wenn ich mit dem Fahrrad unterwegs bin, muss ich gut auf Fußgängerinnen und Fußgänger aufpassen.		

Rechts vor links

1. Lies den Text.

Rechts vor links ist eine wichtige Vorfahrtregel. Diese Regel gilt im Straßenverkehr immer! Außer die Vorfahrt ist durch Ampeln, Verkehrspolizistinnen/Verkehrspolizisten oder Vorfahrtzeichen geregelt.
Doch die Regel ist gar nicht so einfach: Kommen an einer Kreuzung Fahrzeuge aus drei Richtungen, gibt es zwei „rechte“ Fahrzeuge. Es darf aber nur ein Fahrzeug fahren.

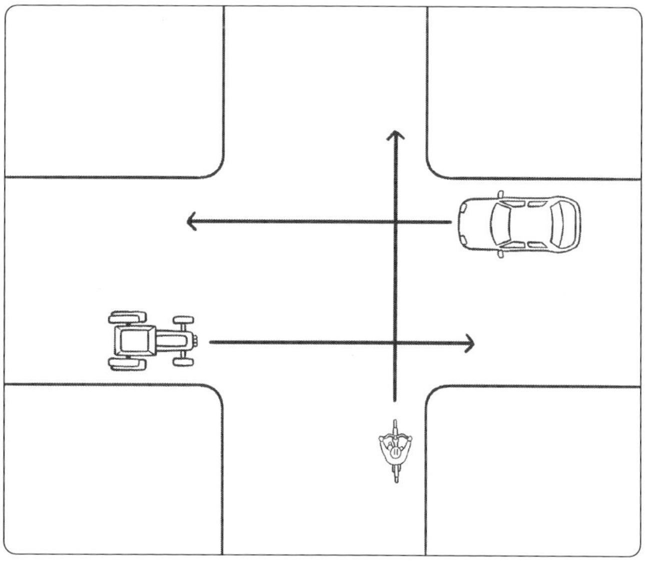

Am einfachsten ist es, wenn du die Regel auf dich beziehst. Du kannst dir merken:

- Wenn von mir aus gesehen keiner mehr rechts kommt, darf ich fahren.
- Ich muss anhalten und warten, wenn von mir aus gesehen jemand rechts kommt.

2. Schaue dir die Bilder an. Darfst du mit dem Fahrrad zuerst fahren? Kreuze an.

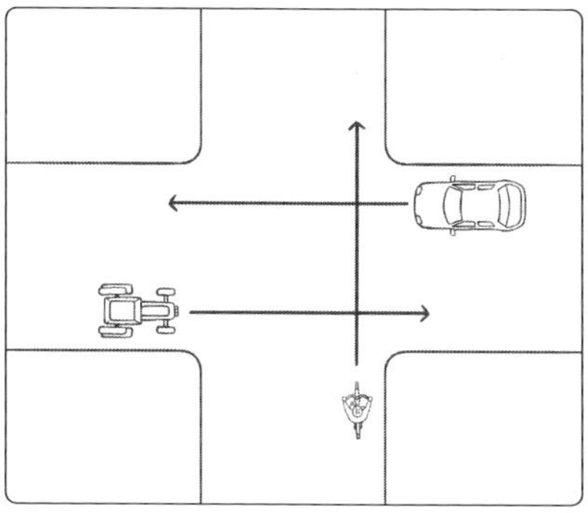

☐ ja ☐ nein

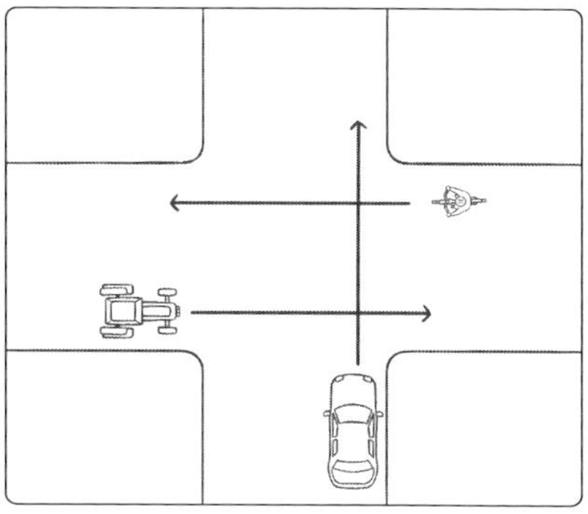

☐ ja ☐ nein

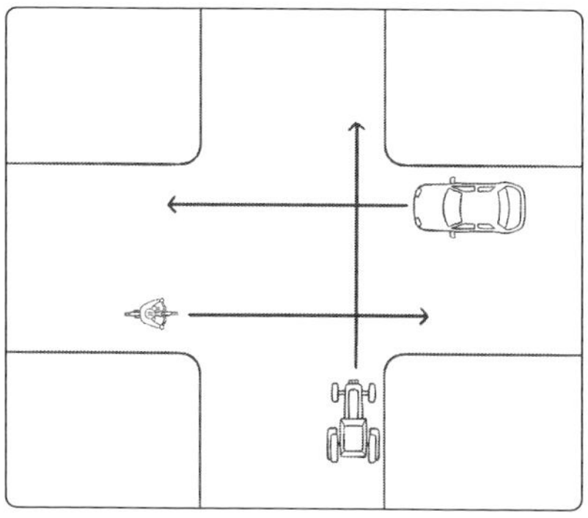

☐ ja ☐ nein

Wer hat Vorfahrt? (Klammerkarte)

1. In welcher Reihenfolge dürfen die Fahrzeuge fahren?

2. Die Buchstaben ergeben von 1–6 gelesen ein Lösungswort.

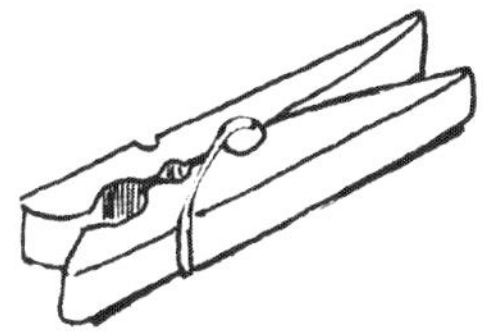

1	2	3	4	5	6

Klammerkarte

1

S	Auto – Fahrrad/LKW
K	Fahrrad – Auto – LKW
R	LKW – Fahrrad – Auto

2

H	Auto – LKW – Fahrrad
G	Fahrrad – Auto – LKW
P	Auto – Fahrrad – LKW

3

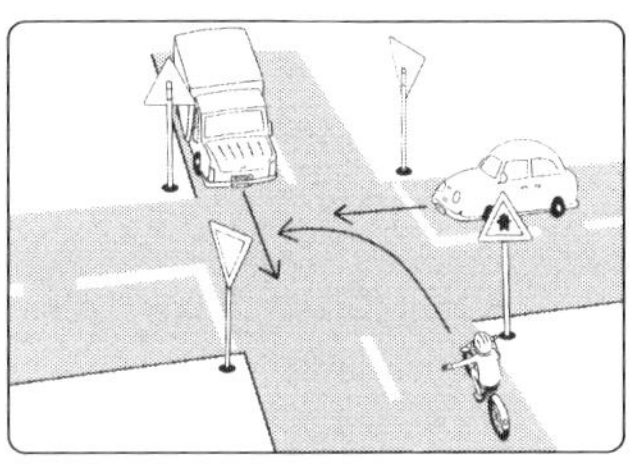

L	Fahrrad – Auto – LKW
I	LKW – Fahrrad – Auto
D	LKW – Auto – Fahrrad

4

T	Fahrrad – Auto – LKW
K	Fahrrad – LKW – Auto
R	LKW – Fahrrad – Auto

5

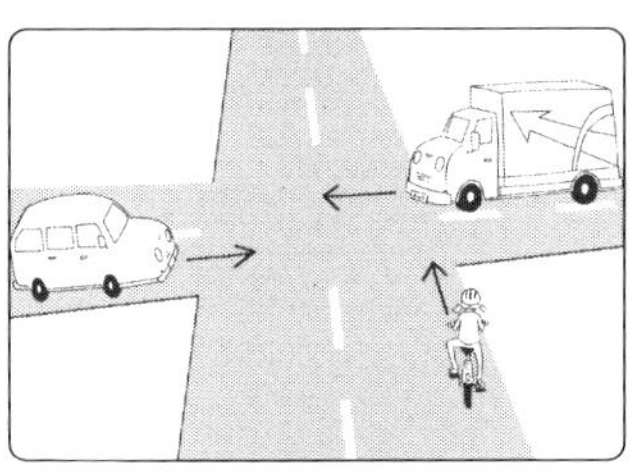

S	Auto – Fahrrad/LKW
Z	LKW – Fahrrad – Auto
R	Fahrrad – LKW – Auto

6

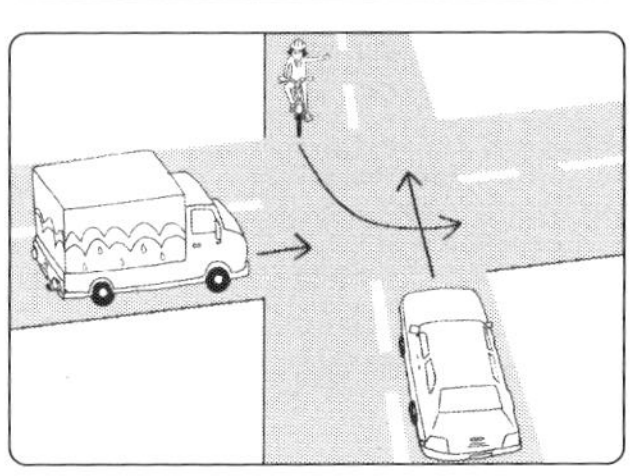

S	LKW – Fahrrad – Auto
K	Fahrrad – Auto – LKW
E	Auto – LKW – Fahrrad

An Hindernissen vorbeifahren

Schaue dir das Bild an.
Wie fährst du mit dem Fahrrad sicher an einem Hindernis vorbei?
Beschreibe.

Diese Wörter und Satzteile helfen dir: umschauen | Handzeichen nach links | Handzeichen nach rechts | Sicherheitsabstand (1 Meter) | Gegenverkehr | rechter Fahrbahnrand

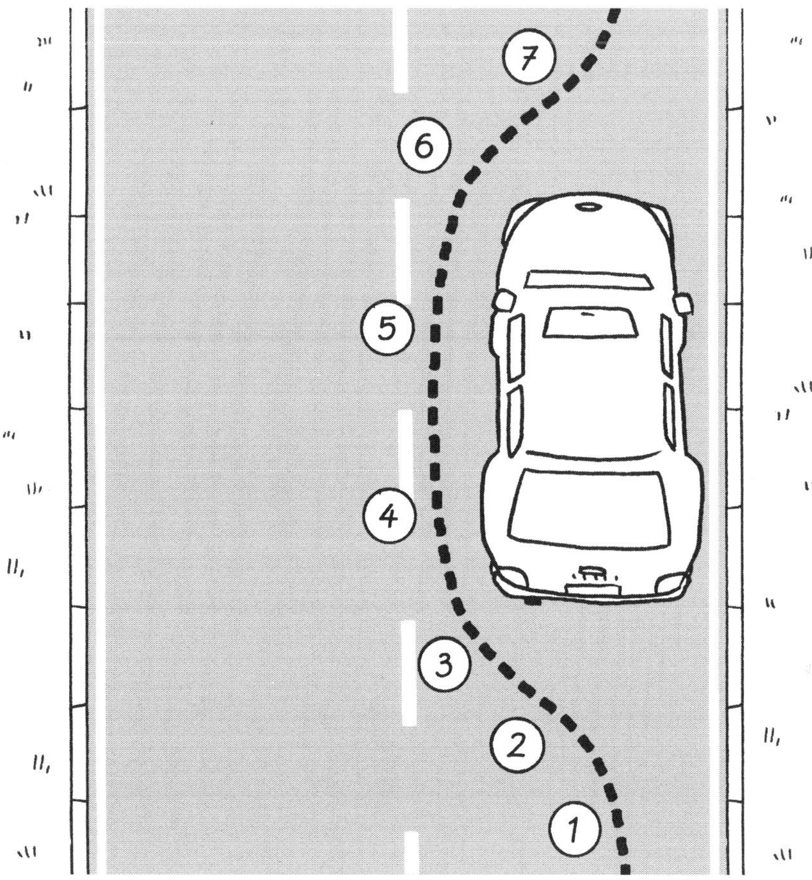

1 ______________________________

2 ______________________________

3 ______________________________

4 ______________________________

5 ______________________________

6 ______________________________

7 ______________________________

So biege ich richtig links ab

1. Schaue dir das Bild an.

2. Lies die Sätze. Trage die Ziffern ein, die zur Abbildung oben passen.

☐ Ordne dich ein. Gibt es keine Linksabbiegerspur, fahre zur Fahrbahnmitte. Gibt es eine Linksabbiegerspur, ordne dich möglichst rechts in dieser Spur ein.

☐ Biege in einem großen Bogen ab.

☐ Siehe dich als Erstes um.

☐ Lasse den Gegenverkehr vorbei.

☐ Siehe dich noch einmal um.

☐ Gebe das Handzeichen nach links.

☐ Beachte die Vorfahrtsregeln.

☐ Fahre rechts weiter und achte auf Fußgängerinnen und Fußgänger.

Indirektes Linksabbiegen

1. Lies den Text.

Wenn du auf mehrspurigen oder viel befahrenen Straßen unterwegs bist oder du dich unsicher beim Linksabbiegen fühlst, kannst du auch indirekt links abbiegen. Man nennt dies auch sicheres Linksabbiegen. Beim indirekten Linksabbiegen biegst du nicht direkt auf der Fahrbahn ab. Du steigst vom Fahrrad ab und überquerst als Fußgängerin/Fußgänger die Ampel. Das ist natürlich aufwendiger, du solltest aber diese Variante wählen, wenn du unsicher bist.

2. Schaue dir das Bild an.
Zeichne deinen Weg beim indirekten Linksabbiegen ein.

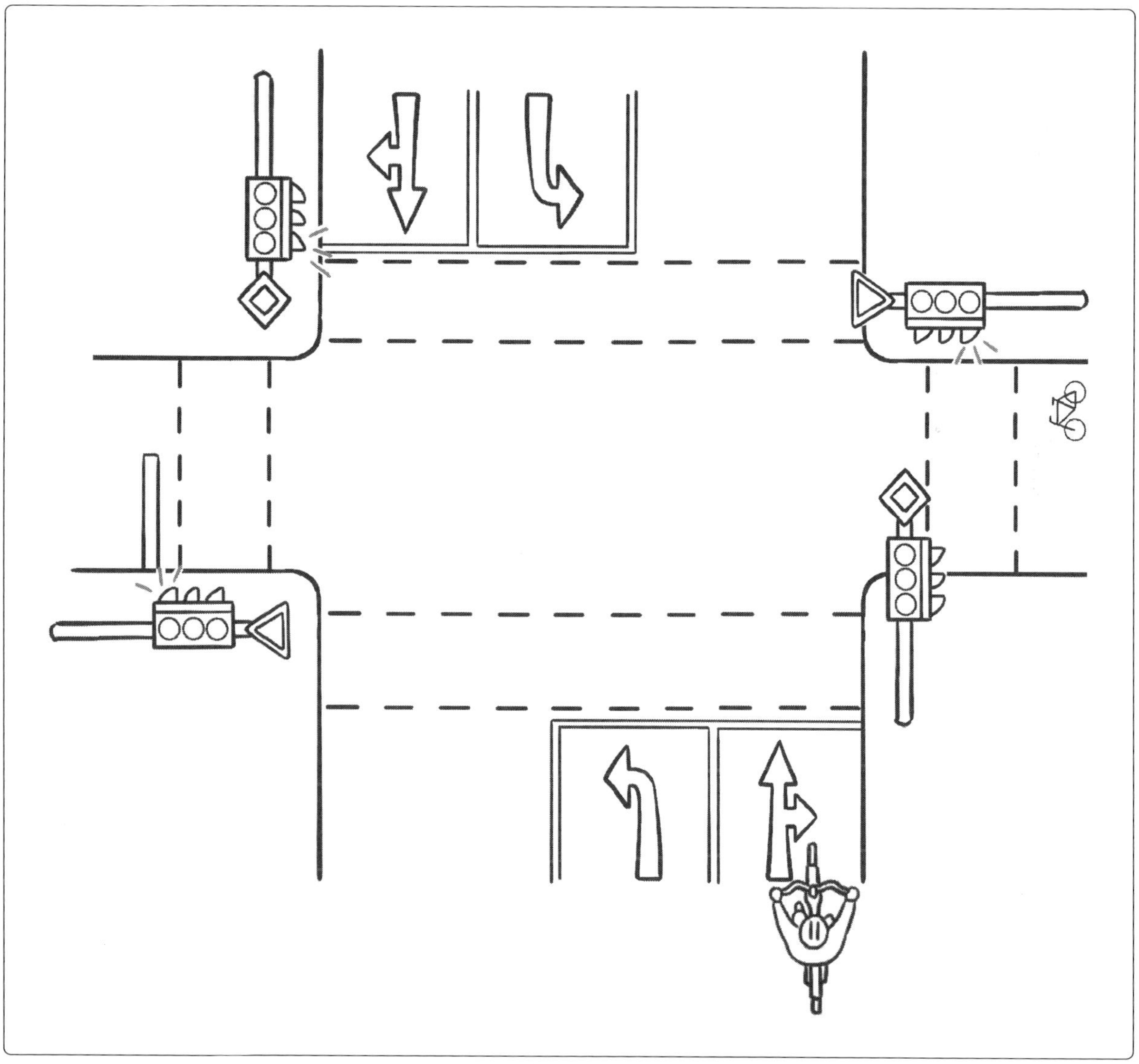

3. Sprich mit einem Partnerkind: Findet ihr noch einen weiteren sicheren Weg? Sprecht darüber.

Sicher nach rechts abbiegen

1. Lies den Text.

Viel einfacher als das Linksabbiegen ist das Abbiegen nach rechts. Trotzdem musst du vorsichtig und aufmerksam sein.
Durch ein Handzeichen zeigst du vor dem Abbiegen an, dass du nach rechts abbiegen möchtest. Achte dabei auch auf den Gehweg, denn Fußgängerinnen und Fußgänger haben Vorrang.

Besonders an einer Kreuzung müssen von allen Verkehrsteilnehmerinnen und Verkehrsteilnehmern die Vorfahrtsregeln beachtet werden.

2. Schaue dir die Bilder an. Wer hat Vorfahrt?
Schneide die Textkarten aus.
Klebe die passenden Sätze unter die Bilder.

Fußgängerinnen und Fußgänger haben Vorfahrt. Stoppe und warte, bis die Personen die Straße überquert haben.	Du hast Vorfahrt. Sei trotzdem bremsbereit. Nimm Blickkontakt auf, damit du sicher sein kannst, dass dich die Autofahrerin / der Autofahrer gesehen hat.

Der tote Winkel

1. Lies den Text.
Fülle die Lücken.

Diese Wörter helfen dir: gefährlich | Spiegel | wartest | hält | vier | Winkel | Fahrrad | rechts

Trotz der ____________ können Autofahrerinnen und Autofahrer sowie LKW-Fahrerinnen/LKW-Fahrer bestimmte Bereiche nicht einsehen. Diese werden „tote ____________“ genannt. Befindest du dich zum Beispiel mit dem ____________ in dem Bereich, kann dich der Fahrer / die Fahrerin nicht sehen. Das ist ____________. Besonders gefährlich ist es, wenn das Auto ____________ abbiegen will. Befindest du dich rechts von einem Auto, ____________ du am besten, bis das Auto abgebogen ist. Wenn das Auto ________, kannst du aber fahren. Noch gefährlicher ist es, wenn ein Bus oder LKW rechts abbiegen will. Ein LKW hat ________ tote Winkel: direkt vor dem Fahrzeug, hinter dem Fahrzeug, auf der linken und auf der rechten Seite.

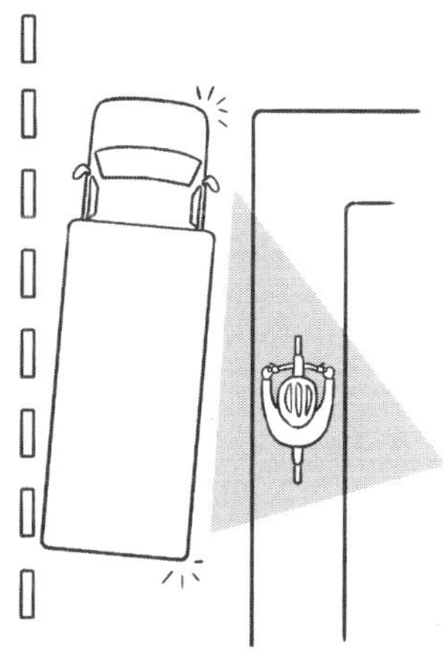

2. Nummeriere die vier toten Winkel.

1 vor dem Fahrzeug

2 hinter dem Fahrzeug

3 auf der linken Seite vom Fahrzeug

4 auf der rechten Seite vom Fahrzeug

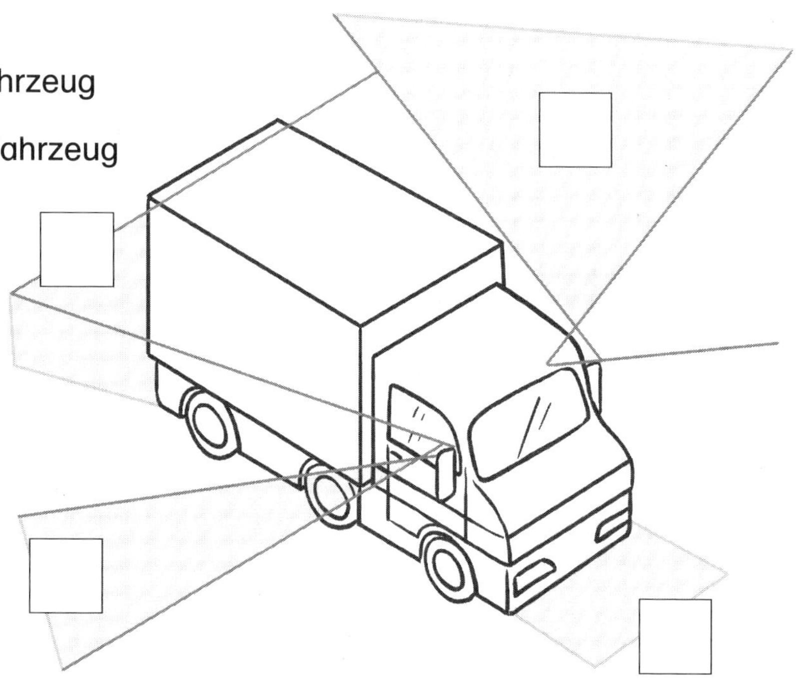

Die Verkehrspolizei

1. **Schneide die Textstreifen aus.**
2. **Lege sie in der richtigen Reihenfolge untereinander.**
3. **Klebe sie auf ein extra Blatt.**

Speiche fehlen. Auch eine Klingel, zwei Bremsen und Reflektoren an den Pedalen muss ein Fahrrad haben. Am wichtigsten sind aber Vorder- und ...

---

ob sie anhalten müssen oder weiterfahren dürfen.

---

dem Straßenverkehr. Sie sind dafür zuständig, dass sich Verkehrsteilnehmerinnen und Verkehrsteilnehmer an die Verkehrsregeln halten. Verkehrsteilnehmerinnen/ Verkehrsteilnehmer sind ...

Geldstrafe bekommen. Verboten sind zum Beispiel das Telefonieren während der Autofahrt, das Fahrradfahren abends und nachts ohne Licht oder das Überqueren der Straße bei einer roten ...

Kreuzung gesehen? Wenn eine Ampel ausfällt, regelt sie/er den Verkehr. Sie/Er zeigt den Verkehrsteilnehmerinnen und Verkehrsteilnehmern mit Handzeichen, ...

Ampel. Verkehrspolizistinnen/Verkehrspolizisten überprüfen aber auch die Verkehrssicherheit. Bei Fahrrädern darf zum Beispiel keine ...

Rücklichter. Manchmal gehen Verkehrspolizistinnen und Verkehrspolizisten auch in Schulen. Sie zeigen den Kindern, wie man sich im Verkehr richtig verhält und führen die ...

Die Verkehrspolizei

Verkehrspolizistinnen und Verkehrspolizisten befassen sich, wie der Name schon vermuten lässt, mit ...

Radfahrprüfung durch. Wer die Prüfung besteht, bekommt einen Fahrradführerschein. Hast du schon einmal eine Verkehrspolizistin / einen Verkehrspolizisten mitten auf einer ...

---

alle, die am Verkehr teilnehmen: zum Beispiel Radfahrerinnen/Radfahrer, Fußgängerinnen/Fußgänger und Autofahrerinnen/Autofahrer. Machen die Verkehrsteilnehmerinnen/Verkehrsteilnehmer Sachen, die verboten sind, können sie dafür eine ...

Handzeichen der Verkehrspolizei

1. Schneide die Textkästchen aus.

2. Klebe sie zum passenden Bild.

Siehst du einen verkehrsregelnden Polizeibeamten oder eine Polizeibeamtin von der Seite und hat dieser/diese die Arme ausgestreckt, kannst du fahren. Wie bei einer grünen Ampel.

Wenn du einen Verkehrspolizisten oder eine Verkehrspolizistin mit einem hochgehobenen Arm von der Seite siehst, bedeutet dies: Die Fahrzeuge, die bis jetzt halten mussten, können sich auf das Fahren vorbereiten.

Siehst du einen verkehrsregelnden Polizeibeamten oder eine Polizeibeamtin von vorne und hat dieser/diese die Arme ausgestreckt, musst du halten. Wie bei einer roten Ampel.

Siehst du einen Verkehrspolizisten oder eine Verkehrspolizistin von vorne mit einem hochgestreckten Arm, bedeutet dies, dass die Fahrzeuge nun halten müssen. Wie bei einer roten Ampel.

Mein „Sicher im Straßenverkehr"-Faltbuch 1

1. **Schneide die Vorlage aus.**
2. **Falte das Heft nach Anleitung.**
3. **Schreibe zu jedem Bild einen passenden Satz.**

Faltanleitung:

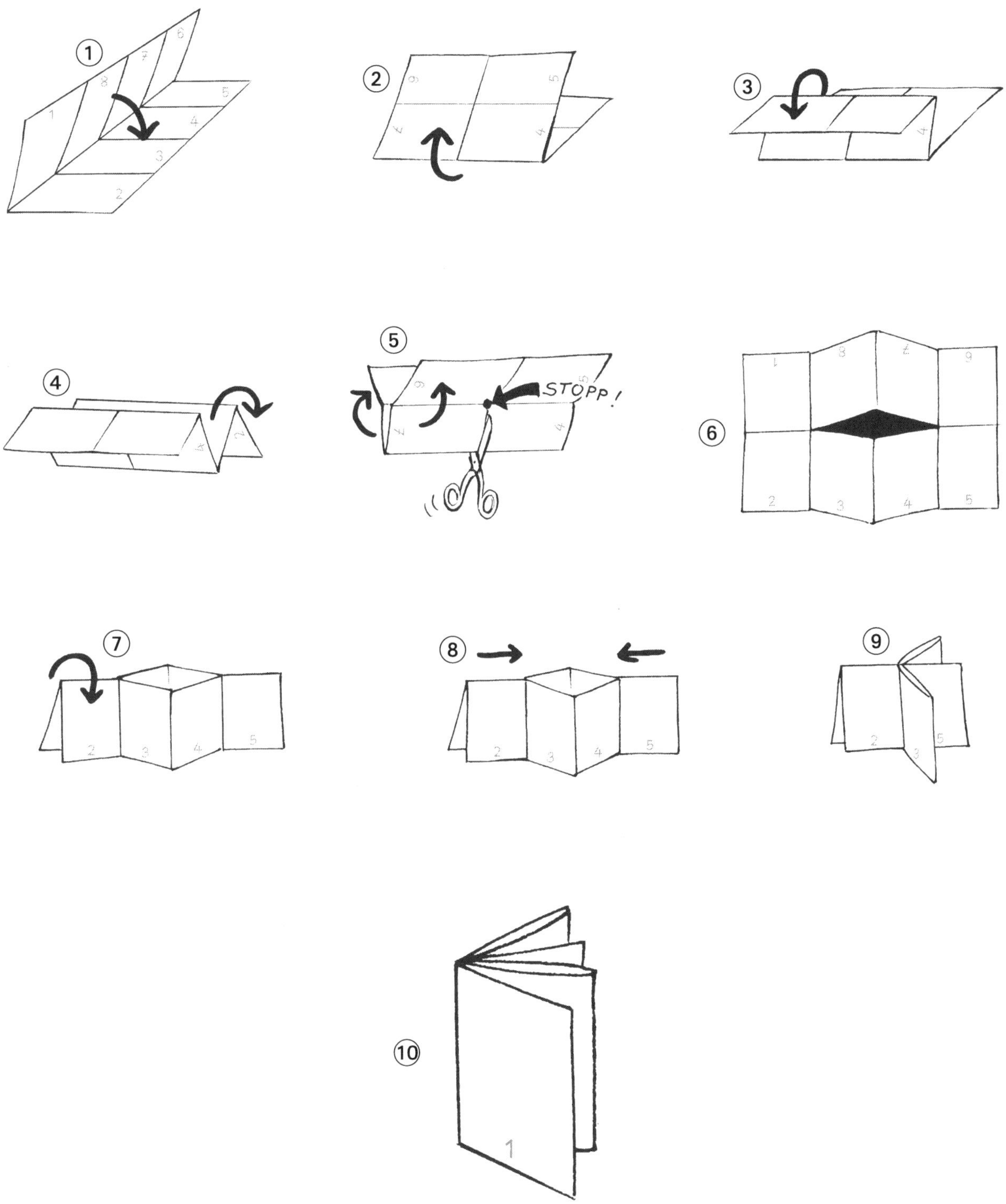

Sicher im Straßenverkehr

1

2

3

4

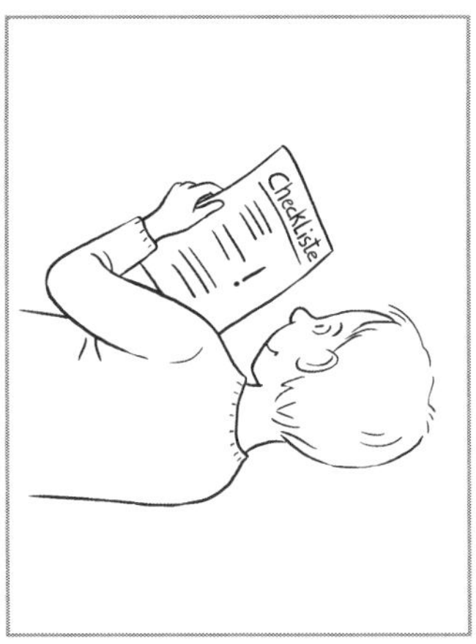

5

6

7

8